Mahea

Hele nā Socks a pau?

Hawaiian

Marcy Schaaf

I kekahi manawa, i loko o kahi lumi li'ili'i 'olu'olu, i noho ai kahi pu'u o nā soka me ka mana'o pono'ī! Ua 'ālohilohi kekahi, ua wiwo 'ole kekahi, a 'o kekahi - maika'i, 'a'ole hiki iā lākou ke noho mālie! 'O kēia ka mo'olelo o nā socks wiliwili, giggliest, a me ka na'aupō loa āu i 'ike ai, i ko lākou lele 'ana, wili, a hā'ule i ko lākou ala ma nā 'ano le'ale'a āpau. E mākaukau e 'aka'aka 'oiai ke alaka'i nei kēia mau socks zany iā mākou i kahi huaka'i 'āhiu a ha'alulu a puni kēlā me kēia kihi.

BOOKS BY SCHAAF

Socks in the drawer, all neat in a row.
But where did my silly socks go?

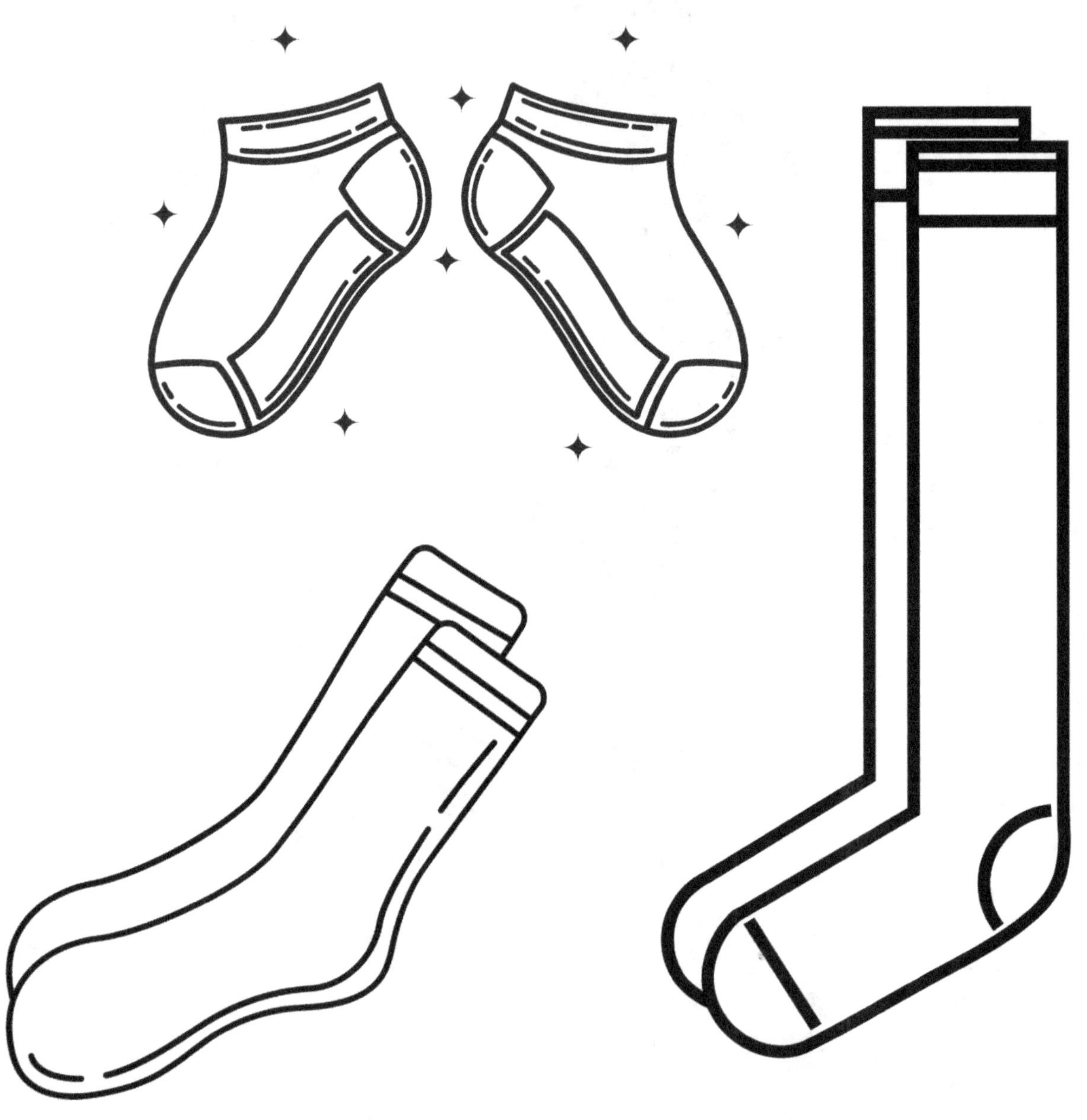

'O nā pūku'u i loko o ka drawer, ma'ema'e i ka lālani.
Akā, ma hea i hele ai ko'u mau pūkini lapuwale?

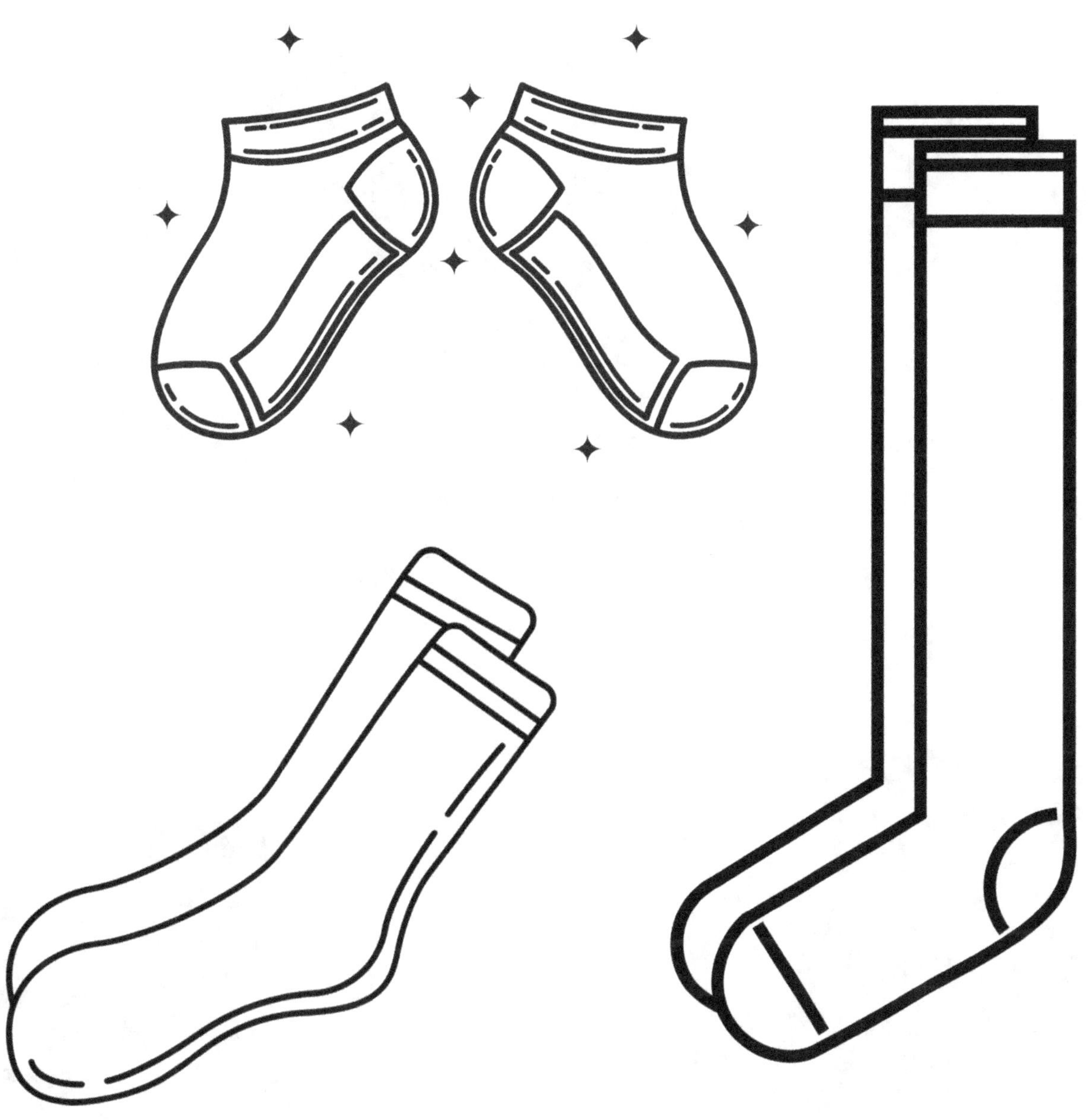

Red socks, blue socks, socks with stripes.
Some are big, some are tight!

Socks 'ula'ula, socks blue, socks with stripes.
Nui kekahi, pa'a kekahi!

Tall socks, small socks, some with dots.
One sock is tangled in knots!

Socks loloa, socks li'ili'i, me nā kiko kiko kekahi.
Ho'opili 'ia kekahi sock i nā pu'upu'u!

I put them on, but they wiggle and
jiggle.
My toes start to wriggle and giggle!

Ho'okomo wau iā lākou, akā ha'alulu lākou.
Ho'omaka ko'u manamana wāwae e wili a
'aka'aka!

Socks on my ears, socks on my nose.
One sock hops away on its toes!

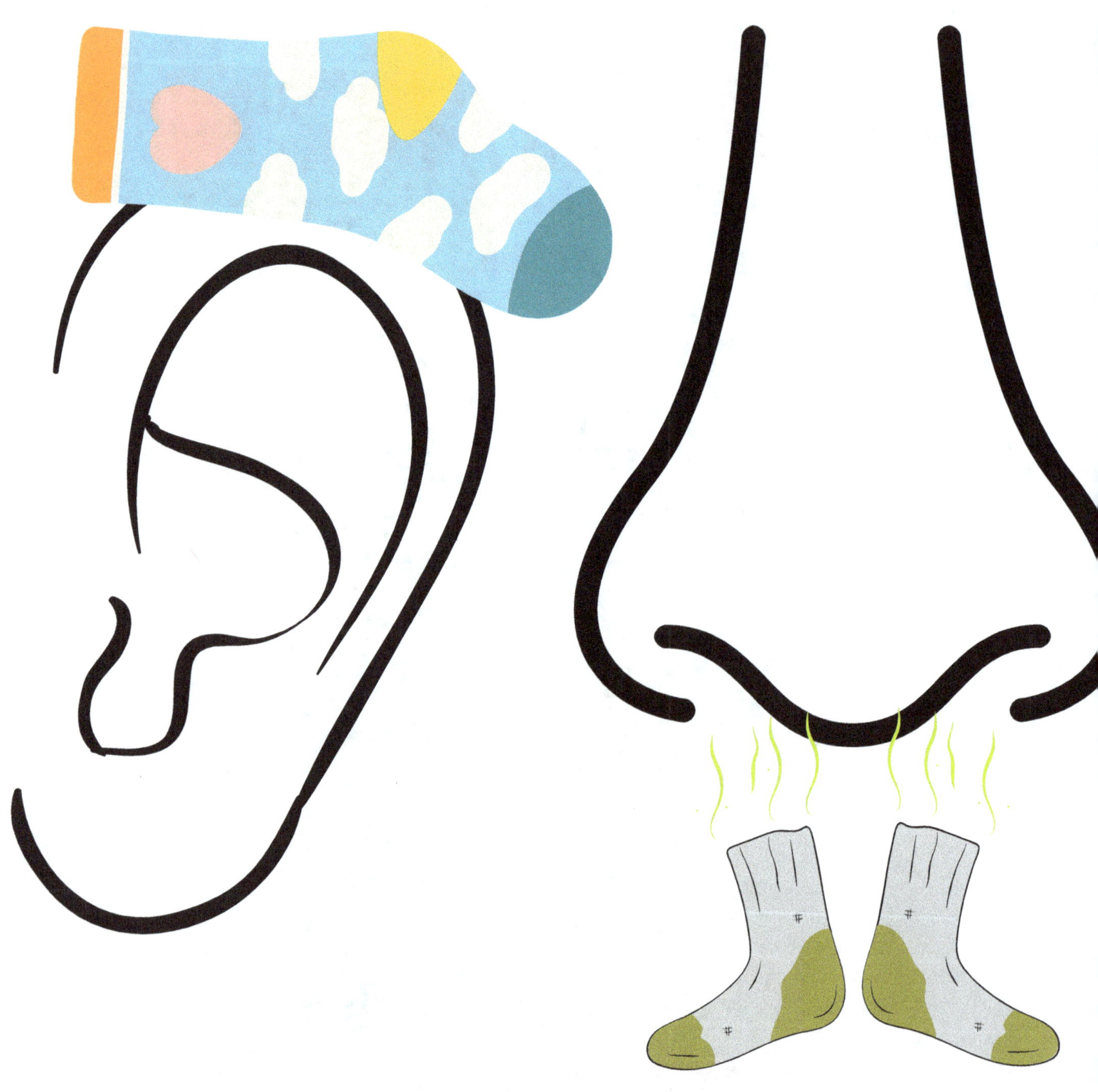

Socks on my pepeiao, socks on my ihu.
Ho'okahi pūkini lele ma kona
manamana wāwae!

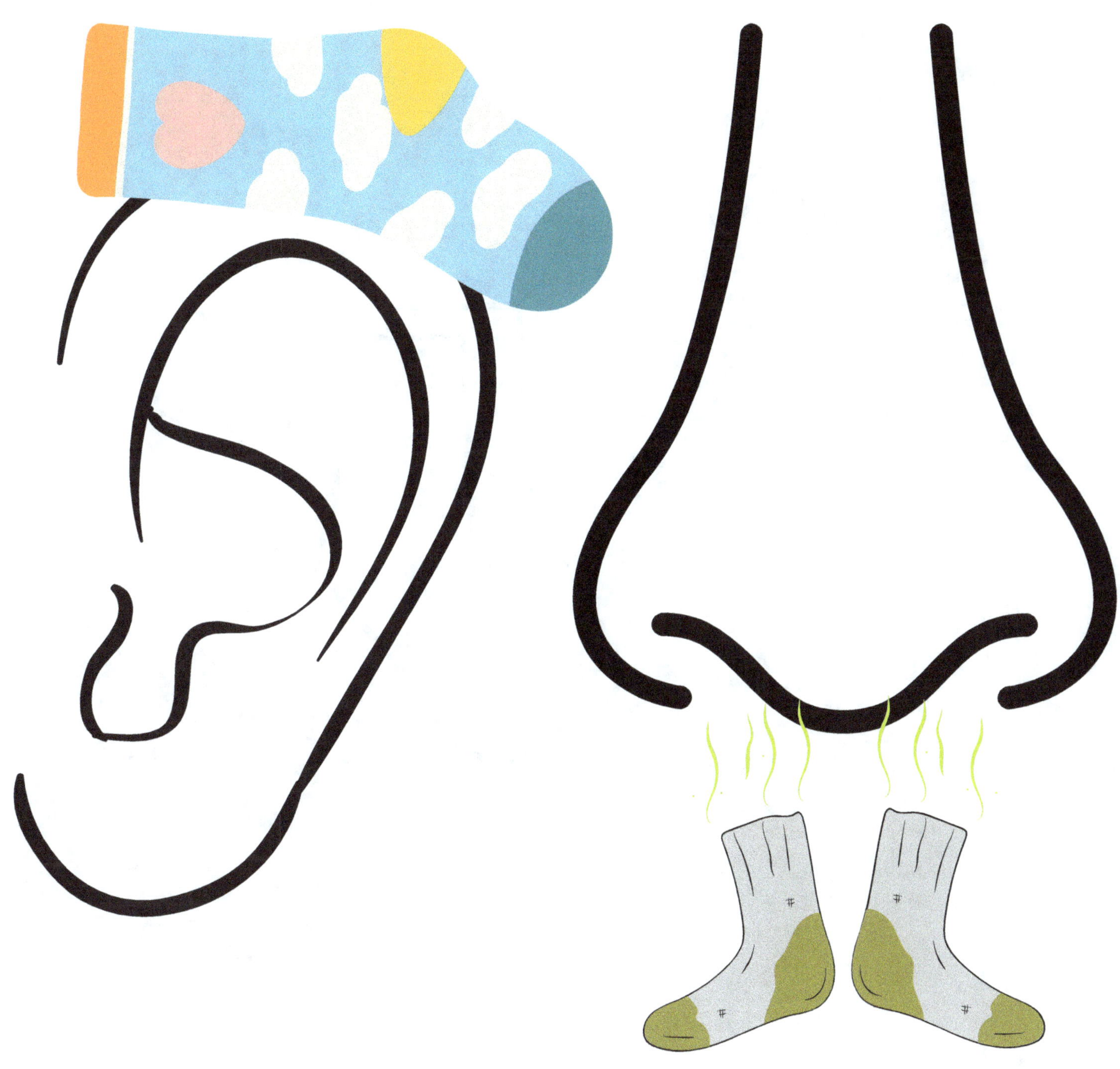

Fuzzy socks, slippery socks, socks that glow.
Some are fast, some are slow!

Socks fuzzy, socks pahee, socks that glow.
He wikiwiki kekahi, he lohi kekahi!

One sock went flying under my
bed.
It's hiding with a shoe instead!

Holo kekahi sock ma lalo o koʻu wahi moe.
E peʻe ana me kahi kāmaʻa ma kahi!

Sock on the chair, sock on the floor.
Wait a minute, there's one more!

Sock on the chair, sock on the floor.
E kali i kekahi minuke, aia kekahi!

Socks that flip, socks that flop
These silly socks just won't stop!

Socks that flip, socks that flop 'A'ole
e pau kēia mau socks lapuwale!

I found a sock in my cereal bowl.
Now how did it reach that goal?

Ua loaʻa iaʻu kahi sock i loko o
kaʻu kīʻaha cereal.
I kēia manawa pehea i hiki ai i
kēlā pahuhopu?

Socks in the kitchen, socks in the sink.
These socks are messier than I think!

Socks in the kitchen, socks in the sink.
'Oi aku ka maika'i o kēia mau socks ma mua o ko'u mana'o!

One sock is purple, one is lime,
Where did they go this time?

He poni kekahi kopa, he lime kekahi, I hea lakou i hele ai i keia manawa?

There's a sock on my lamp, a sock on my chair.
There's even a sock in my hair!

Aia ka sock ma ko'u lama, a sock on my chair.
Aia kekahi sock i ko'u lauoho!

How do socks end up in such spots? I'm starting to connect the dots!

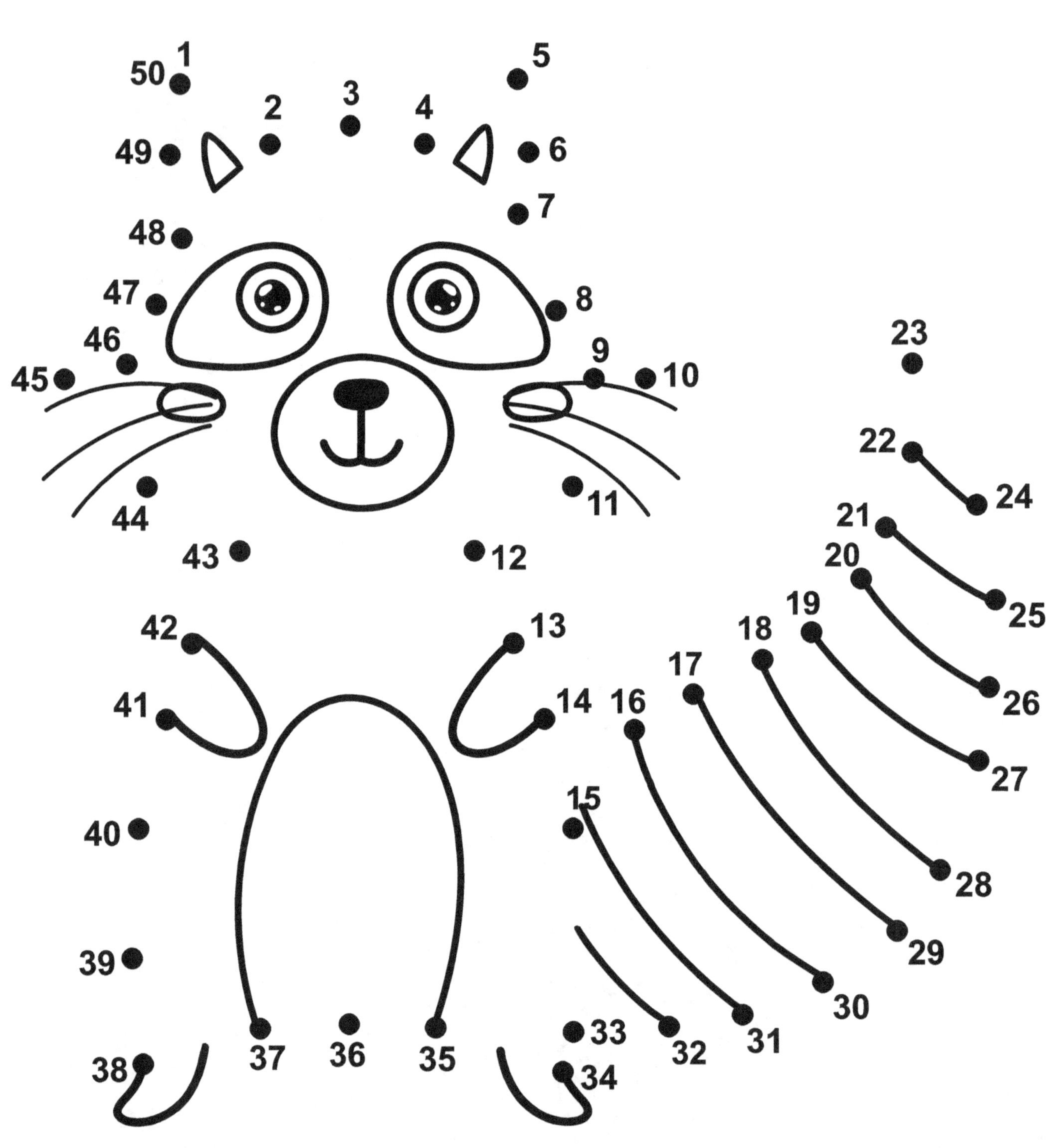

Pehea e pau ai na socks ma ia mau wahi?

Hoʻomaka wau e hoʻohui i nā kiko!

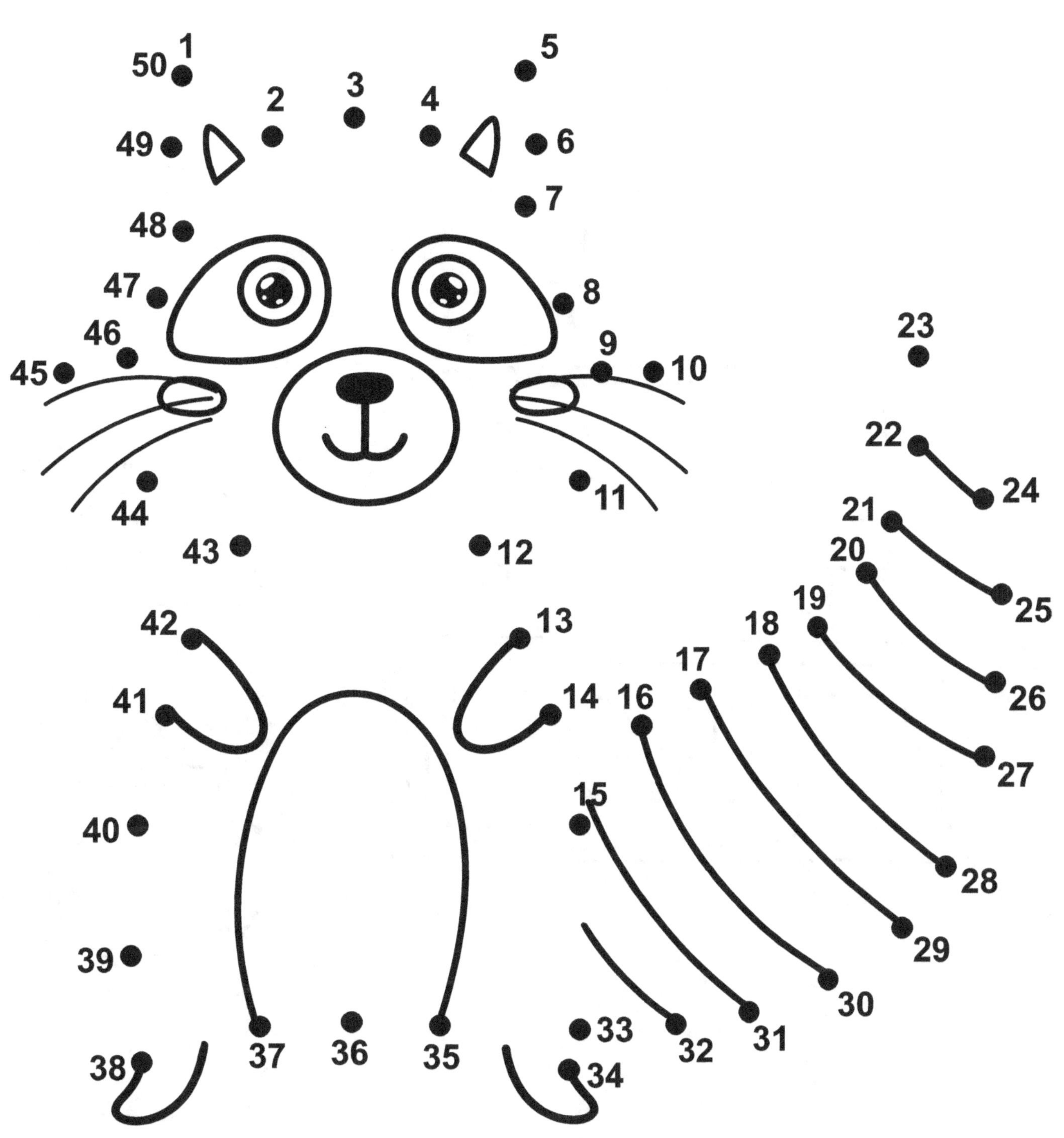

Socks on the ceiling, socks on the wall.
I can't keep track of them all!

Socks ma ke kaupaku, socks on the wall.
‘A‘ole hiki ia‘u ke mālama iā lākou a pau!

One sock is here, the other is there.
Why can't I find a matching pair?

Aia kekahi sock ma ʻaneʻi, aia kekahi ma laila. No ke aha ʻaʻole hiki iaʻu ke loaʻa kahi paʻa like?

Striped socks, polka-dot socks, socks with stars.
They're hiding in jars and under cars!

Nā pūku'i 'oni'oni, nā pūku'i polka-dot, nā pūkini me nā hōkū.
Pe'e lākou i loko o nā hue a ma lalo o nā ka'a!

Some socks went missing, where could they be?
Oh look! They're climbing the tree!

Ua nalowale kekahi mau soka, aia i hea?
E nana! Ke piʻi nei lākou i ka lāʻau!

I'll catch those socks and put them away.
But the socks have other plans today!

E hopu au i kēlā mau socks a waiho
aku.
Akā he mau hoʻolālā ʻē aʻe nā soka i
kēia lā!

Socks that twirl, socks that twist,
Socks that I didn't know exist!

'O nā pūku'u e wili ai, nā pūku'i wili, Nā pūkini a'u i 'ike 'ole ai!

One sock is running, the other is too.
Who knew socks could outpace a shoe?

Ke holo nei kekahi sock, ʻo kekahi pū kekahi.
ʻO wai ka mea i ʻike hiki i nā soka ke ʻoi aku ma mua o kahi kāmaʻa?

I gather them up, each and every pair.
But suddenly, socks are everywhere!

Hōʻiliʻili au iā lākou, kēlā me kēia pālua.
Akā hikiwawe, loaʻa nā soka ma nā wahi a pau!

They slide, they dance, they skip,
they hop.
I wish these socks would finally
stop!

Hehe lākou, hula, lele, lele.
Mana'o wau e pau kēia mau socks!

I fold them neatly, I place them with care.
But one sock escapes with flair!

Pe'i maika'i wau iā lākou, kau wau
me ka mālama.
Akā, pakele ho'okahi sock me ke
akamai!

Off it zooms, out of the drawer,
These silly socks, they want more!

Hoʻokuʻu ʻo ia i waho o ka drawer,
ʻO kēia mau socks lapuwale,
makemake lākou i nā mea hou
aʻe!

So I sit and I watch them go,
Spinning, flipping, putting on a
show!

No laila, noho au a nānā au iā lākou e hele, Milo, kahuli, hoʻokomo i kahi hōʻike!

I laugh and I smile, it's hard to be mad.
These socky shenanigans make me glad!

‘aka‘aka wau a ‘aka‘aka wau,
pa‘akikī ke huhū.
Ho‘ohau‘oli kēia mau mea
ho‘ohenehene socky ia‘u!

So now I know, socks love to play,
They'll find adventures every day!

No laila, ʻike wau, makemake nui
nā soka i ka pāʻani, E ʻike lākou i
nā mea hoʻokūkū i kēlā me kēia
lā!

Socks in the air, socks on the ground.
In every corner, socks are found!

Socks i ka lewa, socks on the ground.
Ma kēlā me kēia kihi, loaʻa nā soka!

Join Our Book of the Month Club!

Looking for the perfect gift that keeps on giving? Join our Book of the Month Club! For just $25 a month, or $250 if you purchase a year upfront, you or your loved ones will receive a handpicked children's book every month, straight to your doorstep.

Here's how it works:
Choose from 15 different languages to receive bilingual books that make learning fun.
Enjoy monthly shipments of our exclusive books that inspire, teach, and entertain children of all ages.
Each month's book is carefully selected to provide a new adventure, valuable lesson, and a chance to explore cultures from around the world.
It's the perfect gift for birthdays, holidays, or just because! Whether you're nurturing a young reader or encouraging language learning, our Book of the Month Club is designed to bring joy to every bookshelf.

Exclusive Bonus: As part of your membership, you'll also receive a monthly podcast about our featured book delivered straight to your email! Listen in for behind-the-scenes insights, fun facts, and tips for making storytime even more magical.

Sign up today at www.Booksbyschaaf.com and start enjoying the gift of reading all year long!

E hui pū me kā mākou Hui Buke o ka mahina!

Ke ʻimi nei ʻoe i ka makana kūpono e hāʻawi mau ana? E hui pū me kā mākou Hui Buke o ka Mahina! No $25 wale nō o ka mahina, a i ʻole $250 inā kūʻai ʻoe i hoʻokahi makahiki ma mua, e loaʻa iā ʻoe a i ʻole kāu poʻe i aloha i kahi puke keiki i koho lima ʻia i kēlā me kēia mahina, pololei i kou puka.

Penei ka hana ana:
E koho mai 15 mau ʻōlelo like ʻole e loaʻa i nā puke ʻelua ʻōlelo e leʻaleʻa ke aʻo ʻana.
E hauʻoli i ka hoʻouna ʻana i kēlā me kēia mahina o kā mākou puke kūʻokoʻa e hoʻoulu, aʻo, a hoʻokipa i nā keiki o nā makahiki āpau. Koho pono ʻia ka puke o kēlā me kēia mahina e hāʻawi i kahi huakaʻi hou, haʻawina waiwai, a me kahi manawa e ʻimi ai i nā moʻomeheu mai ka honua holoʻokoʻa.
ʻO ia ka makana kūpono no ka lā hānau, nā lā hoʻomaha, a i ʻole no ka mea! Inā ʻoe e hānai ana i kahi ʻōpio heluhelu a paipai paha i ke aʻo ʻana i ka ʻōlelo, ua hoʻolālā ʻia kā mākou Hui Buke o ka Mahina e lawe i ka hauʻoli i kēlā me kēia waihona puke.

Bonus Kūikawā: Ma ke ʻano he lālā o kāu lālā, e loaʻa iā ʻoe kahi podcast mahina e pili ana i kā mākou puke i hōʻike ʻia i hāʻawi pololei ʻia i kāu leka uila! E hoʻolohe i nā ʻike ma hope o nā hiʻohiʻona, nā ʻike leʻaleʻa, a me nā ʻōlelo aʻoaʻo no ka hoʻomaikaʻi ʻana i ka manawa moʻolelo.

E kākau inoa i kēia lā ma www.Booksbyschaaf.com a hoʻomaka e hauʻoli i ka makana o ka heluhelu ʻana i ka makahiki holoʻokoʻa!

Where
Do All the Socks Go?
Marcy Schaaf

Activity Guide

DOWNLOAD

Books By Schaaf

www.BookBySchaaf.com

Podcast series about our book on TikTok.

Activity Guide companion's for each storybook can be found on our website.

Find us at:

www.ingramcontent.com/pod-product-compliance
Lightning Source LLC
Chambersburg PA
CBHW081159130726
47996CB00009B/3181